CHANSONS

DE M. A.-T.

PARIS.

CHEZ Mme HUET, LIBRAIRE,

rue de Rohan, n. 21.

1822.

IMPRIMERIE DE HOCQUET.

CHANSONS.

LE VIN.

AIR : *C'est l'amour.*

C'est le vin, le vin, le vin,
Qui peut aisément tout faire...
Il exerce sur la terre
Un pouvoir souverain.

Ce mari qui, d'humeur jalouse,
En proie aux soucis, aux tracas,
Tourmente toujours son épouse,
Pour savoir ce qu'il ne faut pas.
    Qui le rend plus facile ?
    Et qui par la gaîté,
    A sa raison subtile,
    Cache la vérité ?

    C'est le vin, etc.

Ces jeunes gens, d'ardeur guerrière,
D'une raillerie offensés,

Et qu'une balle meurtrière
Par bonheur n'a pas renversés...
   Dans un banquet aimable,
   Qui les rend généreux?
   D'une amitié durable,
   Qui serre les doux nœuds?
     C'est, etc.

  Cet artisan infatigable,
  Pour qui la paresse est sans prix,
  Trouve un bonheur bien véritable
  Près de sa femme et de son fils.
    Mais qui, sur sa misère,
    Parfois sait l'étourdir?
    Et fait de sa chaumière
    Un séjour de plaisir?
     C'est, etc.

  L'utile est joint à l'agréable,
  Car plus d'un secret important,
  Par le vin se découvre à table,
  Dans un joyeux épanchement.
    Quoique le sage en dise,
    Boire est d'un grand secours;
    Qui produit la franchise,
    Si rare de nos jours?

C'est le vin, le vin, le vin,
Qui peut aisément tout faire,
Il exerce sur la terre
Un pouvoir souverain.

LE SOIR.

Même air.

C'est le soir, le soir, le soir,
Que tout devient plus facile ;
Que de gens en cette ville,
Dont le soir
Est l'espoir.
Quand pour plus d'une extravagance,
Cet homme, le jour s'enfermant,
Des huissiers, bravant la sentence,
Se promène-t-il librement ?
Quelle est la Providence
De tel ou tel marchand ?
Avec impatience
Qu'attend
Ce tendre amant ?
C'est, etc.

6

Cette modiste à l'air modeste,
Jouant bien la timidité,
Composant son air et son geste,
Ne regardant que de côté:
  Qui la rend plus hardie ?
  Et de ses yeux baissans,
  Change la modestie
  En regards agaçans?

    C'est, etc.

Qui fait rentrer dans leurs demeures,
Ces vieux bourgeois, ces bons rentiers,
Qui tout le jour comptent les heures,
Ou dorment sous les marronniers ?
  Quand, d'amour le commerce
  Va-t-il dans tout quartier,
  Lors même qu'une averse
  Vient le contrarier ?

    C'est, etc.

Qiu cache le teint d'une belle,
Pour qui l'on s'enflâmme aisément,
Mais qui bientôt paraît moins belle,
  Rien seulement
  Qu'en s'approchant?

Qui confond la richesse,
Et le peuple, et les grands,
Voleurs de toute espèce,
Qui rend entreprenans?

C'est le soir, le soir, le soir,
Que tout devient plus facile,
Que de gens en cette ville
Dont le soir
Est l'espoir.

LA NUIT.

Même air.

C'est la nuit, la nuit, la nuit,
Dont le bienfaisant mystère
Laisse tout dire et tout faire,
Sans éclat et sans bruit.

Ce marchand que partout on cite
Pour son exacte probité :
Mais qui cependant fait faillite,
Et partout se trouve endetté.

Malgré toute poursuite,
Il ne saurait payer...
Qui protège sa fuite
Contre maint créancier ?

C'est, etc.

Ce grand auteur, dont le mérite,
De tout le monde est reconnu,
Pour chaque ennuyeuse visite,
Regrette tout le temps perdu.
D'une telle disgrâce
Qui peut l'indemniser ?
Qui lui reste à la place
Pour s'immortaliser ?

C'est, etc.

Cette jeune et jolie actrice,
Déesse et princesse à la fois ;
Pour contenter plus d'un caprice
Prétend prolonger ses emplois...
A sa valeur réelle,
Qui peut l'apprécier ?
Et qui la rend mortelle
Pour le lourd financier ?

C'est, etc.

Qui fait aimer le mariage ?
Et qui fait oublier aussi,
Tracas, embarras de ménage,
Toute querelle et tout souci ?
  Qui cache la misère ?
  Et fait fuir le chagrin ?
  Enfin qui nous rend père
  Du jour au lendemain ?
    C'est la nuit, la nuit, la nuit,
    Dont le bienfaisant mystère,
    Laisse tout dire et tout faire
    Sans éclat et sans bruit.

LA FÊTE D'UN BOURGEOIS.

Même air.

Ce jour là dans la maison,
C'est le plaisir qui domine,
Chacun se fait bonne mine,
Ce n'est pas sans raison.

Toujours le héros de la fête,
Doit s'en aller de grand matin,
Il faut du temps pour qu'on apprête
Le sentiment et le festin.
L'ami de la famille
Vient offrir son secours :
Pour que la fête brille,
A lui l'on a recours.

On nettoie et promptement
Une gothique vaisselle,
Car pour la rendre plus belle
On s'en sert rarement.

La table se trouve petite ;
C'est là surtout un grand défaut ;
Mais facilement on l'évite,
Deux en font une autre aussitôt.
Enfin le jour se passe,
Le diner est servi ;
Monsieur fait la grimace,
On le croit attendri.

Il reste tout confondu,
Voyant comme à l'ordinaire,
Que maint cousin, maint confrère,
Vint sans être attendu.

Au premier, au second service,
Chacun dévore en vérité ;
Ah ! c'est du moins une justice ;
Il faut ça pour mettre en gaîté.
  Mais le dessert arrive,
    Le vin fait
    Son effet :
Déjà chaque convive,
    A son couplet
    Tout prêt.
O puissance du bon vin !
Dans une joyeuse ivresse,
On jure amitié, tendresse,
Mais gâre au lendemain.

LE COCO.

Même air.

C'est l'coco, l'coco, l'coco,
    Dont le sage
    Fait usage,
Et moi, d'après lui, tout haut,
  Je dis : vive l'coco.

Qui rafraîchit en promenade ,
Nos laborieux écoliers ?
Qui sert toujours de limonade,
A nos respectables rentiers ?
Qui remplace la bière ,
Pour le simple artisan ?
Et que prodigue un père
A son petit enfant ?

C'est , etc.

Cet homme qui dans son ivresse,
Du plaisir connut le danger,
Et que souvent le malheur presse,
A guérir ses maux doit songer ;
Pour un apothicaire
Il faut beaucoup d'argent ;
Qui quelquefois opère,
En le rafraîchissant ?

C'est , etc.

Ce petit monsieur qu'à sa mise,
On peut prendre pour un seigneur,
Sur qui l'on fait mainte méprise,
Eh ! ce n'est qu'un garçon tailleur.

Avec une grisette,
Vêtue élégamment,
Que boit-il en cachette,
Tout en dissimulant ?

  C'est, etc.

Qui d'une chaleur ennemie
Dans tous les temps a triomphé ?
Qui nous apprend l'économie,
En nous éloignant du café ?
Enfin qui de l'eau pure,
Se rapproche le plus,
Et fait que la nature
Ne se déguise plus ?

 C'est l'coco, l'coco, l'coco
  Dont le sage
  Fait usage,
Et moi, d'après lui tout haut
 Je dis : vive le coco.

LE CHANSONNIER.

Air : *L'étude est inutile.* (de Jeannot et Colin).

Jamais à la tristesse,
Ne donner libre cours,
Ne pas fuir la sagesse,
Surtout dans les amours,
Allier la prudence,
A la franche gaîté ;
Dans chaque circonstance
Tout dire en liberté ;
Tel est de chansonnier
Le séduisant métier.

Modeste sur sa lyre,
S'il faut chanter un grand,
Pour lui point de satyre,
Et n'être que piquant.
Par un vin délectable,
N'être point emporté,
Et sans méchanceté,
Même en sortant de table,
Dire la vérité.

D'une modeste scène,
S'il obtient les honneurs,
Il supporte sa peine,
S'il n'a que des rigueurs.
Par un nouvel ouvrage,
Il veut être vengé.
S'il fait rire le sage,
Il est dédommagé.
Tel est de chansonnier
Le séduisant métier.

LES ACTIONS DE GRACE.

Air : *Eh ! que qu'ça me fait à moi.*

Souvent la reconnaissance
A fait agir notre cœur :
Obtient-on place ou faveur,
La gratitude est immense.
Mais moi j'en fais l'aveu,
Si quelque hasard m'avance,
Ma foi j'en fais l'aveu,
Vite, j'en rends grâce à Dieu.

Voyez ce docteur maussade,
Qui ne connaît que saigner ;
Et qui ne sait qu'ordonner
Médecine et boisson fade.
Que fera-t-il ? morbleu !
S'il a sauvé son malade ;
Que fera-t-il, morbleu ?
Il doit rendre grâce à Dieu.

Ce joueur infatigable,
Qui perd souvent tout espoir,
Dans un violent désespoir
Dit : je me donne au diable.
En renonçant au jeu,
Il devient plus raisonnable ;
Oui, s'il renonce au jeu,
Vite, il en rend grâce à Dieu.

De se marier on blâme
Le vieil Orgon ; mais
Il lui faut un descenda
Sa noblesse le réclâme.
Il voit combler son vœu
Il en rend grace à madam
Mais il devrait morbleu,
Rendre plutôt grâce à Dieu.

L'homme trop faible, à tout âge,
Ecoute l'ambition...
Puisse parfois la raison
Le guider dans son voyage.
Oui, faisons mieux, morbleu !
Imitons les lois du sage :
Vivons contens de peu,
Et rendons-en grâce à Dieu.

PAQUET.

Air : *Eh ma mère est-ce que j'sais ça.*

Vrai, je le dis sans mystère,
Qui se plaint est insensé,
Puisque de toute manière
Tout se trouve compensé.
L'homme, de son existence,
Devrait être satisfait :
Grands, petits, sans différence
Chacun porte son paquet.

Cette gentille personne,
Qui vient de se marier,

Sait bien que l'hymen ordonne
Des maux qu'on ne peut nier ;
Sa douleur lui devient chère,
Elle y trouve quelque attrait.
Ah ! sa peine est bien légère,
De l'amour c'est le paquet.

Madame est un peu volage,
Monsieur parfois inconstant,
Madame, dans son ménage,
De monsieur se plaint souvent.
Un voisin, du reste honnête,
A la venger est tout prêt ;
Et c'est toujours sur la tête
Que monsieur a son paquet.

Aux yeux du juge suprême,
Que sont dignités et rangs ?
Chaque mortel est le même ;
Les vertus font différents
Que notre fin méritoire,
Excite quelque regret...
Puisqu'en passant l'onde noire,
Nous n'avons plus de paquet.

LA SOLITUDE.

Air : *Vive la litographie.*

Ah ! vive la solitude,
Elle offre bien des attraits ;
Nul soin, nulle inquiétude,
Près de nous n'obtient accès.
Dans ce séjour enchanteur,
Toutes les peines du cœur,
Trouvent certain agrément,
Qui termine leur tourment.
Le tendre amant qui soupire,
Vient adoucir son regret :
Il confie un doux martyre
A l'écho de la forêt.
Plus d'un grand homme souvent,
Par sa plume s'illustrant,
A dû ses écrits parfaits,
A la retraite, à la paix.
Celui qui pour une place
A trahi son bienfaiteur,
Y trouve dans sa disgrâce,
Un calme consolateur.

Voyez-y l'homme d'état,
Qui désormais sans débat,
Dépose sa dignité,
  Et connait la liberté.
  Ah ! vive la solitude,
  Elle offre bien des attraits ;
  Nul soin, nulle inquiétude,
  Près de nous n'obtient accès.

LE VENDREDI.

AIR : *vaudeville de la Somnambule.*

Le vendredi ! ce mot sans doute,
A grand nombre de gens déplait ;
Et moi-même encor je redoute
De traiter un pareil sujet.
Pourtant le mot écrit m'entraîne,
Je me sens, je crois enhardi,
Pour bien commencer ma semaine,
Je parle donc du vendredi.

Madame Oronte, en son ménage,
Avec son mari se plaisait ;

Son secret était d'être sage ;
Mais certain point la chagrinait.
Voici ce qui causait sa peine :
C'est que son époux tant chéri
Qui parlait bien dans la semaine
Ne disait rien le vendredi.

Ah ! que de diners dans le monde,
Chez les bourgeois, chez les seigneurs,
Des diners où le luxe abonde,
D'autres moins brillans, mais meilleurs.
Le souvenir encor m'assiège,
Des repas que j'ai tant maudits :
Les pires diners du collège
Etaient bien ceux du vendredi.

Voyez sur le champ de bataille
Ces preux guerriers, toujours unis,
Braver le feu de la mitraille,
Pensant aux drapeaux ennemis.
Et poursuivant leur entreprise,
Accomplir leur projet hardi..
L'ennemi fuit... la ville est prise,
Et c'est pourtant un vendredi.

Pour une sotte raillerie
Deux amis purent s'offenser;
Mais reconnaissant leur folie,
Vite ils coururent s'embrasser.
Aussi, dès ce jour mémorable,
Par l'amitié chacun uni
A jamais fut inséparable...
C'était pourtant un vendredi.

Heureux qui faisant une faute,
Peut aisément s'en excuser ;
Une telle circonstance ôte,
Tout ce qui pourrait l'exposer.
Ah! j'en use ici n'en déplaise,
Et je réponds d'un ton hardi,
Que si ma chanson est mauvaise,
J'en accuse le vendredi.

L'AMOUR A LA TAILLE.

CONTE.

Un mien ami, dans sa jeunesse,
Allait trop souvent en ces lieux
Où l'amour est bien dangereux.
Pour obéir à son ivresse,
Il aurait tout sacrifié;
Et les conseils de l'amitié
Ne pouvaient rien sur sa faiblesse.
Ah! que de peines pour trouver
De quoi suffire à sa tendresse.
Il crut ainsi s'en préserver...
Il donne sa montre à sa belle;
Mais à cette condition,
Qu'il pourra cent fois auprès d'elle
Faire parler sa passion.
On y consentit sans querelle.
Pour être plus en sûreté
Sur le serment de sa beauté,
Mon jeune homme achète à l'enchère
Deux tailles chez la boulangère.
Il en offre une à son objet,

Et lui dit : Ecoutez, ma chère,
Je crois que vous êtes sincère,
Mais pour me convaincre du fait,
Vous approuverez mon projet.
Lorsque, plein de votre mérite,
Vous me ferez quitter vos bras,
Je prétends marquer ma visite,
Pour que vous ne me trichiez pas.

PORTE.

Air : *Adieu je vous fuis bois charmans.*

J'entends souvent avec fracas
Tomber la porte de la rue ;
La porte m'offre des appas,
A ce sujet je m'évertue.
Je serai bien récompensé,
D'une action qui n'est pas forte,
Si pour elle on n'est pas forcé
De mettre l'auteur à la porte.

Alexis, dont le jeune cœur,
Goûtait l'amour avec ivresse,

S'aveuglait, mais pour son bonheur,
Sur son infidelle maîtresse.
Un jour, c'est en vain qu'il sonna,
La colère alors le transporte...
Mais en entrant il oublia,
Qu'il resta longtemps à la porte.

Naguère, au théâtre Feydeau,
On sifflait, mais le nom m'échappe,
Et le talent pris en défaut,
Sur les serrures se rattrape.
Le lendemain, au comité,
Il se plaignit de telle sorte,
Que dès-lors il fut arrêté,
Qu'on ferait huiler chaque porte.

On reçoit de riches traitans,
Dont on estime les richesses,
Et l'on ouvre les deux battans,
Pour les marquis et les duchesses.
On accueille bien l'intriguant,
Dont le nom sert aux grands d'escorte.
Ah! pourquoi faut-il que souvent
Au talent on ferme la porte.

Du plaisir, quelquefois trompeur,
On frappe à la porte au jeune âge,
Plus tard la porte de l'honneur,
Cède aux vertus, cède au courage.
Ah ! lorsqu'hélas la faulx du temps
Au champ du repos nous transporte,
Puissent des faits déshonorans
Ne pas nous en fermer la porte.

LE COUPLET.

Air : *Il sait tout.*

Le couplet, oui le couplet,
A grande puissance
En France ;
Sur le plus mince sujet,
On plait,
Par un couplet.
Il fait fuir au loin la tristesse,
Pour un luron frais et dispos.
Il sait relever la paresse,
De l'artisan dans ses travaux.

Il rend plus supportable
Un vin un peu trop verd,
Et d'un banquet aimable
Embellit le dessert.

   Le couplet, etc.

C'est lui qui cache la faiblesse
D'une scène qui chancelait.
Et souvent pour toute une pièce,
Nous peut tenir lieu d'intérêt.
Il gagne le suffrage
De nos littérateurs ;
Tandis qu'un long ouvrage,
Ne fait que des dormeurs.

   Le couplet, etc.

Cet écrivain dont tout le crime,
Est d'avoir dit la vérité,
Pour cette cause légitime
Un matin se voit arrêté.
Un couplet, de sa peine,
Vient distraire son cœur,
Et parfois de sa chaîne
Ote la pesanteur.

   Le couplet, etc.

Plus d'une fois on le discute,
Comme un sujet très-important ;
Il fait et naître une dispute,
Et naître un raccommodement.
Des fils de la victoire
Il redit les hauts faits,
Et toujours avec gloire
Il célèbre la paix.

Le couplet, oui le couplet,
 A grande puissance
  En France,
Sur le plus mince sujet,
  On plait
 Par un couplet.

PAS DE BONNE FÊTE

SANS LENDEMAIN.

Air *du lendemain.*

Une entière réussite
Peut seule nous rendre heureux.
Un plaisir qui fuit trop vîte
Ne saurait combler nos vœux.
A le prouver je m'apprête,
Et je pose pour certain,
Qu'il n'est pas de bonne fête
Sans lendemain.

Pierre, dans la matinée,
Faisait sauter deux bouchons,
Il terminait la journée
Avec trois autres flacons.
N'ayant juste que sa tête,
Il recommençait son train.
Il n'est pas de bonne fête
Sans lendemain.

La jeune Esther se marie,
Et son époux ombrageux,
D'avance lui signifie
Un traitement rigoureux.
« Dieu ! quel homme malhonnête,
Je ne dirai pas demain :
Il n'est pas de bonne fête
    Sans lendemain.

D'une œuvre qui n'est pas neuve,
Damon, auteur malheureux,
Veut qu'une seconde épreuve,
Le rende tout radieux.
Mais'las, le public s'entête
A siffler chaque refrain ,
Il n'est pas de bonne fête
    Sans lendemain.

Naguère auprès d'une belle,
Je n'eus rien à désirer ;
Mais une douleur nouvelle
Me fit fort mal augurer.
Je maudis bien ma conquête ,
Et je vois avec chagrin
Qu'il n'est pas de bonne fête
    Sans lendemain.

TROIS.

Air : *Depuis longtemps j'aimais Adèle.*

Deux jeunes cœurs dans leur ivresse,
Connaissent un bonheur parfait ;
Pourtant l'ennui par fois s'adresse,
A ce couple que l'on citait.
Toute quérelle est cependant finie,
En dépit des motifs divers,
De colère ou de jalousie,
Quand l'amour vient se mettre en tiers.

Voyez cette jolie actrice ;
C'est pour elle, que deux amis,
Vont à l'instant, par pur caprice,
Se traiter en vrais ennemis.
Mais par bonheur, il faut que l'on s'explique;
Et nos deux fous, chez Tortoni,
Vont rire d'un accès tragique,
Par les soins d'un troisième ami.

Tendres époux, qu'amour engage,
Goutent le plaisir d'être deux ;
Ils pensent que le mariage
A mis le comble à tous leurs vœux.

Quand de l'hymen vient la douce souffrance,
L'amour perd un peu de ses droits ;
Un fils naît de cette alliance,
On sent le bonheur d'être trois.

Une épouse nous est fidèle,
Mais elle meurt à son printemps ;
Un ami, pour nous plein de zèle,
Succombe, à moins de quarante ans ;
On reste seul, hélas, dans son voyage.
Du destin, trop cruelles lois !
Pourquoi faut-il qu'au noir rivage,
On ne puisse arriver tous trois.

UNE NUIT.

AIR : *Contre-danse de la rosière.*

Enfin l'heure arrive,
Et ma joie est vive..
Vite je m'esquive,
Laissant mes amis ;
Je vole vers celle,
Qui m'est peu fidèle,
Et m'a, peu cruelle,
Déjà tout permis.

L'on me caresse,
Avec ivresse,
Et l'on me presse,
Assez tendement;
Je suis « coupable,
« Un ange, un diable,
« Méchant, aimable,
« Enfin un amant. »

L'on se déshabille;
D'amour on pétille,
Et la jeune fille,
Au lit me rejoint;
Là pleine de zèle:
» Avance dit elle,
« Crains cette ruelle,
« Et prend garde au coin. »

La Prévoyance
Et la prudence,
Ne sont, je pense,
ici de saison,
Mainte secousse,
Fait qu'on se pousse,
Et se repousse,
Sans précaution.

Baiser vif et tendre,
Que l'on veut reprendre,
Et sans cesse rendre !
Douce volupté !
O fougueux délire,
Quel est ton empire !
Toi seul fais luire
La félicité.

Plus d'un hommage,
Avec courage,
Non sans dommage,
Fait durer l'éveil ;
Mais de fatigue
Par trop prodigue,
Bientôt on brigue
Repos et sommeil.

Après embrassades,
Après incartades,
Qui deviendraient fades..
On se dit bonsoir.
A la pétulance,
Succède un silence...
D'autre jouissance,
On endort l'espoir.

Chacun sommeille;
L'amour qui veille,
Toujours éveille
De nouveaux désirs;
Et même en songe,
d'un doux mensonge,
Encor prolonge,
De brûlans plaisirs.

Mais déjà l'aurore,
Riante et colore,
De nouveau s'essore,
Renait un doux jeu...
Qu'on part avec peine...
Toute plainte est vaine,
Le devoir entraine...
On se dit adieu.

LE GALANT COCHER.

Air *du curé de Pomponne.*

Jean, cocher de cabriolet,
Était à sa manière,
De son état fort satisfait,
Ce n'est pas ordinaire...
Pour ne pas connoître l'ennui,
Lorsque tombait la pluie,
Il faisait monter auprès de lui,
Fillette un peu jolie.

Quelque fois on s'y refusait;
Une autre moins sévère,
Sans hésiter, vîte montait,
Connaissant bien l'affaire;
Car on pouvait être à l'abri,
De même en une allée...«.
Mais on n'entendait pas un seul cri,
Et tout allait d'emblée.

Le bien prend toujours le devant;
Et je dois aussi dire,
Que femme un peu mure, souvent,
Montait avec délire...

Il fallait paraître content,
Malgré cette traverse...
Et Jean ne désirait rien autant,
Que la fin de l'averse.

Un jour, c'était un vendredi,
Fille à peine appelée,
Et près de notre homme étourdi...
Ame dissimulée !
Après un seul petit baiser,
Elle agit de manière,
Que force à lui fut de l'épouser...
Mais c'était la première...

Jean veut encor quoique mari,
Tenter le badinage ;
Mais son épouse est près de lui,
Quand survient un orage ;
Il abandonna ses projets,
Disant en bon apôtre :
« Ah ! je ne pourrais prendre jamais
« Ma femme pour une autre. «

C'EST UNE FLEUR.

Air : *Faut l'oublier.*

C'est une fleur,
Dont la naissance,
Fait sourire le connaisseur ;
Une fleur par sa douce odeur,
Plaît aux vieillards, plaît à l'enfance ;
Qui par sa riante couleur,
Charme les ennuis, le silence ?
Qui présente dans sa fraicheur,
Une image de l'innocence ?
C'est une fleur.

C'est une fleur,
Dont le langage,
Des amans protège l'ardeur ;
Une fleur s'offre au voyageur,
Egaré dans un lieu sauvage ;
Qui, d'un poëte trop flatteur,
Nous fait mieux recevoir l'hommage,
En adoucissant la fadeur,
Seul fruit de son pénible ouvrage ?
C'est une fleur.

C'est une fleur,
Que tendre mère,
Vient effeuiller avec douleur,
Sur une tombe où pour l'honneur,
Repose une tête bien chère ;
Qui, juste dans chaque faveur,
De sa position peu fière,
Du mendiant et du seigneur,
Orne souvent la boutonnière,
C'est une fleur.

C'est une fleur,
Qu'avec ivresse,
Cueille l'amour dans son ardeur ;
Plus tard on trouve le bonheur,
Dans la bonté, dans la sagesse ;
Si seul, on mérita le cœur,
De son épouse en sa jeunesse,
Des reproches on n'a pas peur.,.
Et pour nous, encor sa vieillesse
C'est une fleur.

LA CUISINE.

Air : *Turlurette ma tanturlurette*.

Ah ! quel est ce lieu charmant
Pour moi, rempli d'agrément,
Où le bon esprit domine ? (*bis.*)
    La cuisine.
    La cuisine
Me semble divine.

Auprès d'un feu protecteur,
Là je vois prendre couleur,
Au bouillon qu'on me destine...
    La cuisine. (*bis.*)
Me semble divine.

On y peut, sans nul danger,
Tout immoler... pour manger :
Perdrix, dindon, bécassine...
    La cuisine. (*bis.*)
Me semble divine.

J'aime l'apprêt d'un repas ;
Dire : pour moi tous ces plats,

Quand vient l'instant ou l'on dine...
  La cuisine   (*bis.*)
 Me semble divine.

O crêmes, d'un si grand prix,
Qui, mets des gourmands chéris,
Préside à votre origine ?
  La cuisine.
  La cuisine
 Me semble divine.

Enfin, du palais d'un roi,
Quel est le meilleur endroit ?
Qui lui donne bonne mine ?
  La cuisine.
  La cuisine
 Me semble divine.

LE MOIS DE DECEMBRE.

Air : *Du château de mon oncle.*

On dit que le jour de l'an,
Vient toujours trop lentement...
    Non parbleu,   (bis.)
Sans attendre on jouit peu ;
Ménageons bien nos loisirs...
Pour moi, les plus grands plaisirs,
    Sont les frais,
    Les apprêts,
    Qu'on fait pour
    Un si beau jour.

    Modeste boutique,
    Devient magnifique ;
    Et l'éclat des quinquets,
Fait tout paraître plus frais...
    La fin de novembre,
    Le mois de décembre,
    Vont payer   (bis.)
Le lampiste et l'épicier,

Maint auteur que le bon goût,
A fait rejetter partout,
  Voit pourtant   (*bis.*)
Qu'on accueille son talent ;
  On imprime ses rebus
Acrostiches, impromptus....
  Il se croit de l'esprit...
Tous les confiseurs l'ont dit.

  La servante
  Négligente,
Devient alors prévenante,
Pour le voisin, la Parente,
  Tout est spéculé,
Espérant quelque salaire,
Dans l'escalier elle éclaire,
  Qui, naguère   (*bis.*)
  A dégringolé.

Bref c'est tel, auprès de tous,
Que l'espoir rend presque fous.
  Et l'on met en avant,
Politesse et sentiment ;
L'évènement vient montrer
S'il faut se désespérer,
Ou si tant de soins pris,
Reçoivent enfin leur prix.

CE QUI SE VOIT, ET CE QUI NE SE VOIT PAS.

Air : *Vaudeville des deux Edmond.*

La muse de la Germanie,
Jointe à des éclairs de génie,
Chez nous faire plus d'un exploit...
  Cela se voit   (*bis.*)
Mais pour compenser un ouvrage,
Qui, nouveau, dans son plan soit sage.
Et ne présente aucun fatras ;
  Cela ne se voit pas.   (*bis.*)

Au malheur par fois l'opulence,
Donner un regard d'indulgence ;
Un magistrat nous faire droit ;
  Cela se voit.   (*bis.*)
Mais certaine arrière pensée,
D'une action intéressée
Le piège environné d'appas ;
  Cela ne se voit pas.   (*bis.*)

Pour une dot plus que complete,
Pour une figure parfaite

De tendresse avoir un surcroît;
    Cela se voit.   (*bis.*)
Mais naître l'amour pour la femme,
Riche des qualités de l'ame,
Dont la vertu fait les appas...
    Cela ne se voit pas.

Chez Brunet, dans plus d'une pièce,
Le goût, la raison, la finesse,
Enfin, l'esprit pour passe droit;
    Cela se voit.   (*bis.*)
Mais aussi, près de mainte belle,
Qui dans les loges paraît belle,
La franchise sans embarras;
    Cela ne se voit pas.   (*bis.*)

Sur un jeune acteur qui commence
La voix de la reconnaissance,
N'avoir plus, hélas! aucun droit;
    Cela se voit.   (*bis.*)
Mais de son talent faire hommage,
A qui, respectable par l'âge,
Voulut guider nos premiers pas;
    Cela ne se voit pas.   (*bis.*)

Pour faire une chanson modeste,
Dire, sans s'occuper du reste,
Des choses qu'a peine on conçoit ;
    Cela se voit.   (*bis.*)
Mais la vérité, la nature,
Et le bon sens et la mesure,
Se réunir du haut en bas...
    Cela ne se voit pas.

CHIFFON.

Air *de la Galopade.*

Ce mot me plaît, pourtant,
Je sais qu'on y peut tant,
    Sans médire
    Y voir à redire.
Mais au lecteur subtil
Mon sujet déplaît-il.
    De ma chanson
    Qu'il fasse un chiffon.

Qui, dans chaque saison,
Sait rendre à la raison,

La femme du grand ton ?
N'est-ce pas un chiffon.

Ce mot, etc.

Le chiffon du papier
Peut se glorifier,
Surtout lorsqu'il transmet
Quelqu'ouvrage parfait.

Ce mot, etc.

Qui peut rendre content
L'honnête homme indigent,
voulant en vain payer
Un chiffon de papier.

Ce mot, etc.

Sur un chiffon, souvent
La plume s'essuyant,
Empêche maint auteur,
D'agir contre son cœur.

Ce mot me plaît, pourtant,
Je sais qu'on y peut tant
 Sans médire
 Y voir à redire

Mais au lecteur subtil,
Mon sujet déplaît-il,
De ma chanson,
Qu'il fasse un chiffon.

CHANTONS,
NE CHANTONS PAS.

AIR : *Vaudeville de tristesse et gaîté.*

Lorsque l'amitié nous invite
A quelque repas, sans façons..
Pour bien marquer notre visite,
 Chantons, chantons.   (*bis.*)
Mais lorsque d'un millionnaire,
Il nous faut en goûtant les plats,
 Vanter la probité sévère ;
 Ne chantons pas.   (*bis.*)

Une femme nous est fidèle,
Bien fermement nous le croyons,
Avec ardeur pour cette belle,
 Chantons, chantons.   (*bis.*)

Qu'une autre d'une humeur volage,
Nous revienne après maints combats,
Pour nous venger notre outrage;
   Ne chantons pas.   (*bis.*)

Voyons-nous par fois sur la terre,
Le mérite comblé de dons,
L'homme franc dans un ministère;
   Chantons, chantons.   (*bis.*)
Quand par une chance commune
Nous voyons près des potentats,
Un intrigant faire fortune,
   Ne chantons pas.   (*bis.*)

Des guerriers, des fils d'Esculape,
Pour célébrer les actions,
Non, sans craindre qu'il en échappe.....
   Chantons, chantons.   (*bis.*)
Songeons-nous à l'être inutile,
Qui, dédaignant tous les états,
Donne au scandale, accès facile,
   Ne chantons pas.   (*bis.*)

Lorsque le sujet prête à rire,
Lorsque sans crainte des prisons

Nous pouvons librement tout dire ;
 Chantons, chantons.   (*bis.*)
Fait-on grimacer l'allégresse ?
Si la censure veut, hélas !
Que pour lui plaire, on la caresse...
 Ne chantons pas.   (*bis.*)

LE
PASSAGE DU PANORAMA.

Air : *Des Comédiens de Miller.*

On y jouit d'un zéphir favorable,
Sur le midi dans un été brûlant ;
Et dans l'hyver, ce passage agréable,
Offre un abri contre le froid piquant.
Chacun des goûts, avec l'âge varie ;
Et l'on peut bien dans cet endroit charmant.
Selon et l'âge, et l'humeur, et l'envie,
Obtenir tout... seulement en payant :

Voyez l'enfant qu'accompagne sa mère,
Mille jouets sont là pour l'occuper ;
Son embarras est dans le choix à faire...
Il choisit tout pour ne pas se tromper.

Quand de l'amour, plus tard l'ardeur nous guide,
Nous y trouvons des minois différens :
A droite, on a beauté simple et timide;
A gauche, on a coups d'œil vifs, agaçans.

Mais dans ces lieux où le luxe préside,
L'utile est loin de se faire oublier :
Chez un libraire où le bon goût réside,
Plus d'un savant pourrait s'extasier.
Ce gai vieillard, qui du soin de sa table,
Fait sagement ses uniques plaisirs,
Y peut trouver pour un prix raisonnable,
Les mets exquis où tendent ses désirs.

Un pâtissier, qu'à bon droit chacun cite,
Chez lui toujours voit entrer les passans.
Facilement on conçoit son mérite :
Il faut manger à tout âge, en tout temps...
Dans ce passage, on peut voir que la mode,
Chez maint tailleur a marqué son séjour...
Bref, n'est-ce pas un lieu sûr et commode,
Pour rendez-vous et d'affaire et d'amour.

LE PHILOSOPHE.

Air : *Vaudeville du tournoi.*

Par ses goûts, par son humeur,
A chacun, Jean, savoit plaire...
Il était prêt à tout faire,
Lorsqu'il écoutoit son cœur.

Un tailleur apportait-il
Un habit d'ancienne mode ?
« Il me convient, disait-il,
« Pourvu qu'il me soit commode. »

   Par ses goûts, etc.

Il fit des vers excellens,
Pour celui, qui par caprice,
Se priva de ses talens...
Il crut que c'était justice.

   Par ses goûts, etc.

Lui fallait-il étouffer,
Un amour, non pas vulgaire...
Il savoit en triompher,
Comme d'un faible adversaire.

   Par ses goûts, ect.

Pour tous, il devoit changer,
Et d'avis et de système...
S'agissait-il d'obliger,
Il était toujours le même.

Par ses goûts; ect.

Lorsqu'un facheux accident
Affligeait ce bon apôtre,
Il s'en consolait, songeant
Au bonheur qu'avait un autre.

Par ses goûts par son humeur,
A chacun, Jean savait plaire...
Il était prêt à tout faire,
Lorsqu'il écoutait son cœur.

LE MAL DE VÉNUS.

Air : *C'est l'amour.*

Les murs des rues de Paris, sont couverts d'affiches, portant ce titre : mal de Vénus, ainsi....
C'est c' maudit mal de Vénus,
Qui toujours nous endommage..
Et qui rend selon l'usage,
Nos regrets superflus.

Jeunes gens qui dans votre ivresse,
Songez seulement à jouir,
N'écoutez pas votre jeunesse,
Qui ne connaît que le plaisir ;
Quoique le prix vous tente,
Ne vous y fiez pas...
Pour cinq francs ou pour trente,
Qu'attrapez-vous hélas !?

   C'est etc.

Qn'attrapez-vous avec Justine,
Avec Héloïse et Maria ?
Qu'attrappez-vous avec Pauline,
Julie, Esther et Cœtera ?
Que gagnez-vous en ville ?
A Beaujon, Tivoli,
A Marbeuf, Belleville,
Le dimanche et jeudi ?

   C'est etc.

Qui fait manquer un mariage ?
Qui met notre père en courroux ?
Qui désunit un bon ménage ?
Qui fait remplacer un époux ?

Dans une banquet aimable,
Qui ne peut qu'augmenter ?
Par un vin délectable,
Qui devra s'irriter ?

  C'est etc.

Qui, sans distinguer à la ronde,
Sur tous exerce sa rigueur ?
Sur le petit, sur le grand monde,
Peuple, guerrier, bourgeois, seigneur.
Enfin, il n'est personne
Qui n'échappe à ses lois...
Car, même sur le trône,
Qui poursuit jusqu'aux rois ?

 C'est c' maudit mal de Vénus,
 Qui toujours nous endommage,
 Et qui rend, selon l'usage,
 Nos regrets superflus.

VOITURE.

Air : *Un homme pour faire un tableau.*

Celui qui peut fuir sa prison,
Se jette dans une voiture.
Un amant qui craint le soupçon,
Pour l'amour, choisit la voiture;
Et l'ambitieux en secret,
Conspire dans une voiture.
Quelle histoire! si l'on pouvait,
Faire parler une voiture.

Souvent ce que uous obtenons,
Peut changer notre caractère;
Et bientôt à tous, nous montrons,
Que notre cœur est ordinaire!
De cette faiblesse, à Paris,
L'on se ressent, outre mesure;
L'on y meconnait ses amis,
Aussitôt que l'on prend voiture.

A l'église, lorsqu'on se rend,
Pour s'unir à fille jolie,
Que l'on aille, ou non, lentement,
Légèrement on s'en soucie;

Qu'importe même, lorsqu'encor,
Au repas il faut qu'on figure...
A minuit, quand du bal on sort,
Qu'on voudrait presser la voiture !

Sachons connaitre les plaisirs,
Mais sans nous y livrer sans cesse ;
Et parmi nos ardens désirs,
Que la raison par fois paraisse.
Que notre cœur soit bienfaisant ;
Que contre nous, nul ne murmure..
Le plus à craindre, à chaque instant,
C'est notre dernière voiture.

LA MI-CARÊME.

Air : *Vive la lithographie.*

Momus aujourd'hui s' réveille,
Mais pour un jour seulement ;
Aussi, chacun dès la veille,
S'apprête à l' fêter dign'ment.
On reporte au mont-d'-piété,
Ce qu'on en avoit ôté ;
Et qui n' peut rien y porter,
Se voit forcé d'emprunter.

D'amateurs l' bastringue abonde,
Partout, c'est : *grand bal paré.*
Mais c' qui chagrin' bien du monde,
C'est qu' le masque est déchiré.
Celui-là cherche à duper,
Celui-ci cherche à souper,
Madame est de son côté,
Monsieur en est enchanté ;
Enfin... mais c'était de même,
Naguères dans chaque bal...
On fait à la mi-carême,
C' qu'on faisait au carnaval.

LES
EAUX DE BAGNÈRE.

Air *de la galopade.*

Ces lieux partout cités,
Sont toujours visités :
 Et le monde,
En foule abonde...
Chacun veut y guérir,
Chacun veut y courir,
Pour joindre à la santé, le plaisir.

Là, plus d'une beauté,
Va, non sans volupté,
Prendre un air idéal,
Pour briller dans le bal.

De leur corps délicat,
Bientôt renait l'éclat;
A leurs charmes,
L'on rend les armes;
De retour à Paris,
Les plaisirs et les ris,
En elles retrouvent leurs appuis.

Cette femme autre fois
Fort belle, sur ma foi,
Y va pour rajeunir,
Mais, hélas! vain desir...

Elle voudrait enfin,
Par un heureux hymen,
De l'âge,
Retarder l'outrage...
Mais il faut vîte agir,
Et promptement s'offrir;
Car le temps,
Ne va pas à pas lents.

Mineur.

Un mari d'humeur sombre,
Y va pour voir plus clair...
Sur ses yeux est une ombre.
On voit l'homme à son air.
Sa femme, jeune et belle,
Rend vain un tel projet...
    Que fait elle?
    Ce qu'on fait.

    L'on y
   Rencontre aussi,
Maint intriguant poli,
    Dont l'envie,
   Tient de la folie :
  Espérant parvenir,
  Il y va pour maigrir,
Mais dans le dessein de s'arrondir.

  L'aimable épicurien,
  Y calme son chagrin,
  Son embonpoint maudit,
  L'a privé d'appétit.
  Il retrouve à la fois,
  L'appétit et la voix :

Une table
Délectable,
Lui présente un couvert :
Par un joyeux concert,
Ses chansons couronnent le dessert.

Ce Nestor des amours,
A Bagnère a recours;
Et dans ces lieux charmans,
Va chercher... son printemps.
Bref, l'on y va par ton,
L'on y va par raison,
Par folie,
Et par maladie;
Mais fort heureusement,
Chacun en s'en allant,
De son voyage est toujours content.

RECIT

D'UN PROVINCIAL AU B..DEL.

Air *de la Hullin.*

Tout fier d'un élégant habit,
Je brillais à la promenade ;
  Et mainte œillade,
    M'enhardit ;
Et je me crus homme d'esprit.
Une femme jeune et belle,
  Fixe mon attention ;
J'éprouve en m'approchant d'elle,
  Les feux d'une passion ;
Loin de paraître murmurer,
Qu'à ses attraits je rende hommage,
Un tendre regard m'encourage,
Et tout me fit bien augurer.
Après maint propos d'usage,
J'obtiens, je crois me tromper,
  Le précieux avantage,
  Avec elle de souper.
De tout je veux seul m'occuper ;

Et je supplie,
Ma belle amie,
De me permettre de pourvoir,
Au festin qui fait mon espoir.
Notre table est préparée ;
Je vais en prendre ma part...
Mon âme était enivrée
D'un si fortuné hasard.
Mais aussitôt j'entends marcher :
Un frère que le diable emporte,
Frappe rudement à la porte ;
Il faut chercher
A me cacher.
En ce moment on peut croire,
Je ne sais trop que penser...
Dans une étroite baignoire,
Je parviens à me glisser,
Le frère gronde, non tout bas,
Mais soit malice,
Soit caprice,
Il s'empare de mon repas,
Qui présente plus d'un appas.
Tous les vins de toute espèce,
Sur lui font un prompt effet...
Un sommeil actif le presse,
Bientôt il dort tout à fait,

Pour moi, le plus adroitement,
De ce lieu maudit je m'esquive.
 Chez-moi j'arrive,
 Et fais serment,
De ne plus être aussi galant.

TOUT LE MONDE CHANTE.

Air *de la galopade.*

Ah ! vive la gaîté,
Elle vaut la santé ;
 Sa puissance
Est grande en France.
Auprès de l'érudit,
Auprès du mince esprit,
La chanson toujours a grand crédit.

 Cet honnête ouvrier
Que l'on n'a pu payer,
Qui calme son chagrin ?
Eh ! c'est un gai refrain.

 Ah ! vive la gaîté, etc.

Et ce brave guerrier,
Qui, jaloux d'un laurier,
Est toujours en avant...
Combat tout en chantant.

 Ah ! vive la gaîté, etc.

La grisette, le soir,
Regagnant son manoir,
Chante, quand son amant,
Par hasard, et absent.

 Ah ! vive la gaîté, etc.

Même au sein des grandeurs,
On chante comme ailleurs :
Après plus d'un haut fait,
Henri quatre chantait.

 Ah ! vive la gaîté !
 Elle vaut la santé ;
  Sa puissance,
 Est grande en france.
 Auprès de l'érudit,
 Auprès du mince esprit,
La chanson toujours a grand crédit.

LE CAFE DE LA PAIX.

Air *de la galopade.*

Des amans,
Non payans,
Des badauds,
Des escrocs,
Et des belles,
Fort peu cruelles,
Y trouvent libre accès.
On n'en voit tant jamais,
Qu'au brillant café de la paix.

On y peut pour écot,
Prendre un seul verre d'eau;
Mais on peut circuler,
Et peu de s'installer.

Des amans, etc.

Chaque fille applaudit,
A Gilles, bel esprit;
La parade va bien,
Les *pièces* vont leur train.

Des amans, etc.

Parfumeuse au bel air,
Avec tablier vert,
Vient s'y faire acheter,
Ce qu'elle peut porter.

Des amans, etc.

Enfin, le vrai plaisir,
S'y pourrait établir,
Sans la méchanceté,
Le mal, l'avidité.

Des amans,
Non payans,
Des badauds,
Des escrocs,
Et des belles,
Fort peu cruelles,
Y trouvent libre accès.
On n'en voit tant jamais,
Qu'au brillant café de la paix.

LA BOUTIQUE
DU SIEUR VAILLANT.

Place Saint-Germain-l'Auxerrois.

Air : *Vive la litographie.*

C'est un assemblage unique,
C'est un spectacle étonnant,
Que présente la boutique
  D'un marchand,
  Nommé Vaillant.

C'est là que l'on peut de tous,
Combler les différens goûts..
Pour tout âge et pour tout rang,
Rien ne manque chez Vaillant.

Pour le noble jeu de l'oie,
Ou celui de domino,
Toujours chez lui, l'on envoie...
N'oublions pas le loto.

  Si l'on
  Veut un violon,
Il vous en montre un fait bon ;

Ou bien,
Veut-on un crincrin,
Il vous en offre un soudain.

Ses pelles et ses pincettes,
Ont tout leur premier éclat ;
Seringues et clarinettes,
Y sont en très bon état.

Il a gants à vingt-cinq sous,
Joncs, et rotins, et bambous,
Tous instrumens de chasseur,
Bijoux, pommade, liqueur.

Ne vend-il pas des bretelles,
Fil, aiguilles et lacets,
Économiques semelles,
Casse-têtes, bilboquets.

Et pot de rouge, et miroir,
Dentelle blanche et tul noir,
Et le merveilleux cyphi,
Chez Vaillant se trouve aussi.

Quand aux rubans bleus et roses,
Le marchand en tient toujours.
Enfin, il a toutes choses,
Qui sont d'un très grand secours :

N'est-ce pas, chez lui vraiment,
    Qu'on vend
    L'instrument
    Charmant,
Que la veuve en sa douleur,
Prend pour son consolateur..

C'est un assemblage unique,
C'est un spectacle étonnant,
Que présente la boutique
    D'un marchand,
    Nommé Vaillant.

LA FAIM.

Air : *C'est l'amour.*

C'est la faim, la faim, la faim,
Qu'il faut toujours satisfaire....
De la plus exquise chère,
    L'attrait est vain,
        Sans faim.
Qui fait courir une heure entière,
Pour un misérable repas ?
Qui fait braver un temps contraire,
Et qui nous met dans l'embarras ?

Qui, jamais n'intéresse
Un cœur rempli d'amour ?
Qui poursuit la sagesse,
Plus de trois fois par jour ?

 C'est la faim, etc.

Cet acteur qu'en province on cite,
Qui vient débuter à Paris,
Voit qu'on applaudit son mérite,
De son talent c'est tout le prix...
Qui dans un mélodrame,
Le fait grincer des dents,

 Qui rend
 En fendant
 L'ame,
 Ses accens
 Déchirans ?

 C'est la faim, etc.

Dieu ! quelle brillante boutique,
C'est l'étalage de Chevet,
Quel assemblage heureux, unique,
Quel goût, quelle odeur, quel fumet !

Ah! j'en gémis encore...
Quel destin rigoureux,
Qui, sans pitié, dévore
Tant d'objets précieux ?

 C'est la faim, etc.

Que dit-on dans la matinée ?
Que l'on serve mon déjeuné.
Qu'ordonne-ton dans la journée ?
Ce sont les apprêts d'un diné.
On doit manger de même,
La nuit pendant un bal...
Enfin de tout système,
Quel est le principal ?

C'est la faim, la faim, la faim,
Qu'il faut toujours satisfaire...
De la plus exquise chère,
 L'attrait est vain,
  Sans faim.

CHAQUE CHOSE A UN BON COTE.

AIR : *Je ne craignons pas le blâme.*

Sans cesse on a vu les hommes,
Maudire les coups du sort,
Et dans le siècle où nous sommes,
Cette plainte existe encor.
Ah ! tout pourrait mieux se faire,
Mais c'est une vérité ;
Chaque chose sur la terre
A toujours un bon côté.

L'apôtre de la folie,
Qui ne suit que ses désirs,
Va dans Sainte-Pélagie,
Expier de doux plaisirs.
Là, malgré son caractère,
Un chef-d'œuvre est inventé,
Chaque chose sur la terre
A toujours un bon côté.

Rose, à gentille figure,
Qui vient hier d'accoucher,
Trouve par cette aventure,
Le mari qu'il faut chercher.
Eût-elle été trop sévère,
L'amant se fut rebuté,
Chaque chose sur la terre
A toujours un bon côté.

Lycidas adorait Lise,
Lise n'aimait que Lindor,
Lycidas que l'on méprise
A son chagrin donne essor.
L'heureux Lindor, qu'on préfère,
En perd bientôt la santé,
Chaque chose sur la terre
A toujours un bon côté.

Et l'époux battant sa femme,
Pour lui montrer la douceur;
Et le preux quittant sa dame
Pour voler au champ d'honneur;
Et l'avare qu'on enterre,
Prouvent bien, en vérité,

Que chaque chose sur terre
A toujours un bon côté.

BRAS.

AIR : *Aux soins que je prend de ma gloire.*

On peut bien blâmer mon ouvrage;
Des chansons, dira-ton, toujours.
Mais le bras, ce mot m'encourage,
Il peut m'être d'un grand secours..
Puisse d'un ami la franchise,
Ne pas me démontrer hélas!
Que pour écrire une sottise,
Je me suis fatigué le bras.

Auteurs, qui jaloux de la gloire,
Honteux de votre obscurité,
Tendez au temple de mémoire,
Et souvent passez à côté,
Malgré votre fertile veine,
Malgré le secours d'Apollon,
Vous n'aborderez pas la scène,
Si vous n'avez pas le bras long.

De l'hymen, les liens aimables,
Ne nous offrent pas d'agrément;
Ah ! soyons donc plus raisonnables,
C'est notre faute assurément.
Montrons-nous tels avec nos dames,
Que les ennuis soient maitrisés...
Et jamais auprès de nos femmes,
Ne demeurons les bras croisés.

Quand viendra le bienheureux âge,
Où doit l'emporter la raison ?
jamais ; puisque notre partage,
Sera toujours l'ambition.
Ah ! pauvres mortels que nous sommes,
Nous nous aveuglons tous hélas !
Et le bonheur échappe aux hommes,
Aussitôt qu'il tendent les bras.

ESCALIER.

AIR: *Vaudeville du passepartout.*

Dans mes deux mains, tenant ma tête,
Non sans efforts, je cherchais un sujet..
A sortir aussi, je m'apprête,
Pour mieux accomplir mon projet,
Je descendais d'un pas agile,
Je tombe.. mais ce mal est le dernier..
Rêver encor, me devient inutile,
Puisque je suis sur l'escalier.

Un jeune époux, l'âme ravie,
A ses amis, vantait son logement;
On n'y voyait qu'une seule sortie,
On le fit pour son agrément.
Ah! qu'en six mois, le même homme varie;
Vers l'architecte, il va se récrier.
En lui disant: tâchez donc, je vous prie,
De me faire un autre escalier.

On voit souvent une coquette
Qui trompe deux ou trois amans,

Par l'adresse de sa soubrette,
Éviter des désagrémens.
Mais qui devient plus efficace,
Et qui peut tout concilier,
Quand du premier un autre prend la place,
C'est bien un secret escalier?

La richesse, au premier étage,
Le génie au fond d'un grenier,
C'est ce qu'on voit suivant l'usage,
A Paris dans plus d'un quartier.
On peut le dire, et sans envie,
Trop rarement on les voit s'allier,
Et l'histoire de notre vie,
Se trouve dans un escalier.

RIDEAU.

Air *du ménage de garçon.*

Un rien suffit pour nous distraire,
Et dans Paris que de sujets,
Même c'est difficile affaire,
Chez soi de rêver à souhaits.   (*bis.*)

J'ai devant moi certaine anglaise,
Dont l'œil peut causer bien des maux ;
Et pour travailler à mon aise,
Il me faut fermer mes rideaux.

Cet homme que partout on cite,
Pour son esprit et sa gaîté,
Est très-heureux que son mérite
Soit autre que sa probité.
Bien facilement on oublie
Ce qui le réduit à zéro....
Ah ! sur l'histoire de sa vie
Avec soin tirons le rideau.

Estelle aimait le beau Clitandre,
Mais auprès d'un tuteur barbon,
Que de soins il lui fallait prendre
Pour ne donner aucun soupçon.
Estelle à la fenêtre vole,
Et mettant l'argus en défaut,
L'amant espère ou se désole,
Si l'on ouvre ou non le rideau.

Là, travaille gente modiste,
Qu'un étalage trop nombreux,

Dérobe à l'œil qui s'en attriste..
Le soir on n'est pas plus heureux,
Circonstance encore plus cruelle,
Et pour l'amour échec nouveau :
Car l'amateur pour voir la belle
Ne peut soulever le rideau.

Paul.... mais il est temps de me taire,
Sur un sujet aussi connu ;
D'ailleurs mon refrain peut déplaire,
Je n'ai fait que ce que j'ai pu,
Et non pas ce que j'ai voulu.
Ma peine n'est pas infinie,
Mais toute peine veut repos,
Puisque ma chanson est finie
De mon lit j'ouvre les rideaux.

L'HIVER.

Air : *C'est l'amour.*

C'est l'hiver, l'hiver, l'hiver,
Qui fait naitre dans la ville
Joie, ou tristesse inutile,
On y gagne, on y perd.

Toujours avec impatience,
Que désirent les patineurs ?
Dans les bals quelle est l'espérance
Des grands et des petits danseurs ?
Qui profondément blesse
Ce rentier aux abois ,
Qui s'afflige sans cesse
D'user autant de bois ?

  C'est, etc.

Qui revient pour combler l'attente
D'une femme, qu'avec raison,
Pour sa parure chacun vante,
Et qui partout donne le ton ?

Que redoute, et pour cause,
Ce vieux couple grondeur ?
Qui ne dit une chose,
Sinon avec humeur.

  C'est, etc.

Des fiacres dont Paris abonde,
Quelle est la plus belle saison ?
Quel est le temps où tant de monde,
Se rit du modeste piéton ?
Qui fait cesser l'ivresse
D'un auteur grelottant,
Qui pour toute richesse
N'a rien... que son talent ?

 C'est l'hiver, l'hiver, l'hiver,
 Qui fait naître dans la ville
 Joie, ou tristesse inutile,
 On y gagne, on y perd.

———

LE FEU.

même air.

C'est le feu, le feu, le feu,
Dont le ravage facile,
Peut consumer une ville,
Dieu
Nous garde du feu.

Qui nous décèle le courage ?
Qui nous montre la lâcheté
D'un fripon rien qu'à son visage,
Qui dénonce l'avidité ?
Qui fait que l'un se grise,
Quand l'autre est aux abois ?
Qui fait voir en chemise,
Un honnête bourgeois ?

    C'est, etc.

Qui ruine un propriétaire ?
Qui fait sentir le prix de l'eau ?
Qui fait braver une goutière,
A ce respectable badau ?

Qui le couvre de boue,
Et fait, malgré cela,
Que lui-même il avoue:
Rien n'est beau comme ça?

  C'est, etc.

Quel est l'aliment de la guerre,
Et l'arme de la trahison?
A ce conquérant sanguinaire
Pour le tromper, qu'oppose-t-on?
Et quelle est l'espérance,
De ces fiers Sagontins?
Qui fait dans leur souffrance,
Leurs immortels destins?

  C'est le feu, le feu, le feu,
  Dont le ravage facile,
  Peut consumer une ville,
   Dieu,
  Nous garde du feu.

   FIN.

www.ingramcontent.com/pod-product-compliance
Lightning Source LLC
LaVergne TN
LVHW050621090426
835512LV00008B/1606